Yo también anochezco

CARMEN MARÍA LÓPEZ

Yo también anochezco

EDICIONES
COMPLUTENSE

El jurado compuesto por Luis Alberto de Cuenca Prado, José Alejandro Simón Partal, Emilio Javier Peral Vega y Antonio José Huerga Murcia concedió el Premio Complutense de Literatura 2023, en su modalidad de Poesía, a la obra *Yo también anochezco* de Carmen María López.

Diseño de la colección: Leticia de Santos
Imagen de cubierta: Pixabay

Fotografía del autor: Carmen María López

PRIMERA EDICIÓN: ABRIL DE 2024
PRIMERA REIMPRESIÓN: JUNIO DE 2024

ISBN: 978-84-669-3830-3
Depósito Legal: M-2508-2024

Impresión
    Solana e Hijos Artes Gráficas
    Calle de San Alfonso, 26
    28917 La Fortuna, Leganés (Madrid)

Printed in Spain

MUCHACHAS QUE TRADUCEN A VIRGILIO

Pero qué bella trampa

«Hoy es el día, hoy es el primer día,
y ya nunca seremos más jóvenes que ahora»
AMALIA BAUTISTA

Éramos muchachas pálidas o vírgenes suicidas,
proyectos de muchachas y una vida en borrador,
siempre una vida-cuaderno en borrador,
enjambres de muchachas picoteadas de sueños
o hecatombes de sueños
allí donde van a morir los días.
Nunca hubo nostalgia en nuestros ojos.
Vivir una trampa, pero qué bella trampa,
una trampa en que había
jóvenes con el rostro de Paul Newman,
pantalones vaqueros
y veranos de luz inagotable
y crepúsculos rojos
y el sol dorando un poco
la carne sin estrías de nuestros muslos,
bicicletas y cartas manuscritas,
amores fosforitos
y un flujo de elixir, eso también.
Nos gustaba vivir. Era tan dulce
vivir, solo vivir, beberse toda
la vida

y de un solo trago
beber, seguir bebiendo
de tantos esplendores
que no importó el después.

Solo ese tiempo era el Tiempo.

Estatuas para siempre,
inmóviles estatuas.
Muchachas que traducen a Virgilio.

Eneida

Año 2007: sigo aquí, en la vida.
La luz sobre el pupitre en clase de latín.
Traducimos la *Eneida*. Palabras de Virgilio
para un tiempo de asedios y nosotras
sedientas de luz y de poesía.
Abstraídas, compungidas,
el cerebro se aquieta para hallar
el sentido exacto
del genitivo triste
de un mundo antiguo.
Nuestras cabezas yacen ante el folio
como corderos muertos
que no se resignaran a estar muertos,
como corderos mansos
aprendiendo a vivir.

Libro II:

Descubres a Eneas y en sus hombros
la carga de su padre Anquises.
Ahí el pequeño Ascanio, ahí la sombra
efímera de Creúsa. Ahí también
tu eterno desasosiego y traduces
mientras ellos abandonan Troya.
Y tú te vas también, con ellos tú

también huyes del mundo y traduces
con fiebre de existir mientras el sol
cae oblicuo, entre el pupitre y tu pelo.
Ter conatus ibi collo dare bracchia circum...
Por tercera vez intenté cercar
su cuello con mis brazos.
No, no, no...
Por tres veces intenté rodear
su cuello con mis brazos.
No, no. Tampoco.
La lengua de Virgilio es ahora
un idioma en la niebla.
Imposible Creúsa, no vendrás
por más que Eneas cante
tu presencia y figura.
Las palabras nos fracasan
antes de ser escritas
en la preciosa cuadrícula azul,
nuestros emborronados cuadernos
y en ellos la extensión del mar Tirreno.
Las palabras son puentes levadizos
más allá de lo turbio de los siglos.

Libro IV:

Traduces con gesto incrédulo.
Dido se mata. Se arroja a la pira funeraria.
(¿pone eso en el folio o la has matado tú?)
Sí, sí. Se mata. No hay equívoco.
Tú no eres Dido, no lo eres,
pero tu vida

algunas tardes tristes se parece
a la carne de Dido, a su osamenta
calcinada. La pira no es un libro.
La pira funeraria
habita en las costuras de tu cuerpo.
Habita en ti.
Y Dido se adentra en el fulgor de la muerte.
Camina a la pira (o no camina, se arroja).
Y se quema y arde. Por amor
han ardido mujeres, se han quemado
ciudades. Tantos son los incendios
que una vida no basta.
Y traducir no basta.
Dido ya no existe. O existirá para siempre.
La pira funeraria está en tu cuerpo
de muchacha terrible.

Y entre el libro y la vida
todo el sol de la tarde
yace inmenso en la *Eneida*.
Y aún nos veo allí: aún sigue siendo
el año 2007.

Rebobino mi vida:
muchachas melancólicamente prematuras
nacidas para gritar
no, Virgilio no ha muerto.

Los ojos de Virgilio

He mirado de frente los ojos de Virgilio.
Una estatua, dos pupilas de mármol,
su cabeza de tiempo y de granito.
He mirado el vacío y lo terrible
y en ella todo el peso de los siglos.

Virgilio, inquietante Virgilio:
¿Qué quisiste escribir? ¿Por qué Eneas,
Creúsa o Anquises, por qué Dido?
¿La Vida elige siempre el argumento
y tú pones la tinta a sus historias?
Virgilio, en el siglo veintiuno
aún te recordamos.
Muchachas melancólicas y pálidas
traducimos la *Eneida*
en clase de latín o anatomía.
En la mano el boli-bisturí:
diseccionamos tus hexámetros,
poesía o podredumbre,
piedra sobre la piedra,
artificio o blancura
al mirar tu mutismo
en esta estatua.

American Beauty

Tu vida es como algunos fotogramas
de *American Beauty*.
El torso de Jane Burnham
desnudo y virginal.
Angela Hayes bailando
en traje de colegiala.
Hamburguesas grasientas,
sorber capitalismo
y una bolsa de plástico
que lo redime todo.
Y la pregunta eterna:
morir por la belleza.
Y la desolación eterna
y el cataclismo mayor:
no creer en la voz de la belleza
y apuñalar el amor.

Rebobino mi vida y veo esto:
ya no quedan películas así.

Relectura/balbuceo/borrador 1

He dicho:
«Ya no quedan películas así».
Hablaba de *American Beauty*.
Perdón a *Hierro 3*.
Perdón a *21 gramos*.
Perdón a *La vida de Adèle*.

Tristia

«¡Oh, mísera trama de nuestra vida,
donde es tan pobre el lenguaje de la alegría!»
OSIP MANDELSTAM

No creo que la tristeza
se pueda enseñar.
No creo que la poesía
se pueda enseñar.
Así como la poesía, la tristeza
fragua en el interior del ser
un asombro autodidacta,
una lección sin maestro.
Luego queda lidiar
con la parte de ti en desacuerdo.
Te romperás en dos. Serás la grieta.
Una mole de carne hecha pedazos.
Pero sabrás, por fin, cómo coser
la hilatura de tantos seres tristes.
Dejarás de ser tú
y abdicarás de ti,
pero habrás ganado el Reino.

Vulgaridad sagrada

«"Hagamos un paraíso", dicen.
Aplanemos y planchemos el grosor de estas almas»
SYLVIA PLATH

Ya no quedan películas.
Películas que enciendan mi cerebro
de hogueras de preguntas.
Películas cuya urdimbre central
no sea la tram(p)a, el argumento.
Películas que no hablen de otra cosa
que no sea la vida
y desmadejen los hilos, los ovillos
a los que aún débilmente
se sujeta la vida.
Voy poco al cine. En las salas proyectan
thrillers de acción, *biopics*,
muchas de superhéroes
y la mercadotecnia ha sido siempre
un perro dócilmente adiestrado,
un cachorro algunas tardes fiel.
Y luego está el ruido de las palomitas
al crujir en los dientes
de quien se sienta en la butaca izquierda.
Y el vacío en los rostros
me compunge el alma.

Y siento pena por los personajes.
Y por cómo nos han formateado el cerebro.
Y nos han inyectado cianuro en la alegría
quizá para aplacar las exequias de los sueños.
Y han robotizado nuestros cuerpos.
Y han hecho nuestros sus deseos
de vernos fracasar en la hondura de las cosas,
de vernos mermar en el cupo de la dicha,
de vernos impasibles en
la rueda desquiciada de este mundo.
Así, así, esa rueda girando
y nosotras ahí dentro:
ninguna redención ni seguro retorno.
Y todo se parece a ese verso
de Sylvia Plath
sobre la falsedad de un paraíso
en que nos plancharán y aplanarán
el grosor de las almas.
Y qué haremos sin alma,
perros ciegos sin alma,
desnortadas cobayas
sin pasión y sin alma.
Y qué haremos después de estar vivas,
erguidas sobre el tiempo.

Querida Sylvia Plath:
rebobino mi vida y veo esto.
Veo muchachas que ya no van al cine.
Muchachas que se curan con papel celofán
los rasguños de estar sobre la vida.
Rebobino y las veo:

inmóviles sobre la curvatura
trágica de este precioso mundo.
Rebobino mi vida y las envidio
entre tanta inocencia y entre tanta
vulgaridad sagrada.

No

«Si no te quema
ni te muerde al leerlo,
no es un poema»
HAIKU

No es un poema, no.
No intentes disfrazarlo de poesía,
falsear las suturas del lenguaje,
fingir que sí, que sí, mira: ¡palabras!
Que suenan bien bonito.
Que parezca la música, el concierto.
Que se afine la orquesta.
No será si no te dice miedo,
si no se llama herida
si no tiene dientes
ni te muerde
la piel hasta sangrarte
toda tu alegría.
No será si no te nombra
lo más oscuro y turbio
con las palabras más blancas,
como si ni siquiera lo escribieras tú,
como si lo invocara
la voz de un niño,
un pájaro

29

y tu boca
se llenara de niños y de pájaros
y de nuevo el incendio,
la mordida profunda
te ha quemado la piel
y el mundo ahora es ceniza.

Relectura/balbuceo/borrador 2

Pero a mí nunca me quemó el poema.
Nunca en mí se derramó con sangre
ni hubo rito de un verbo enardecido
ni una voz hubo nunca
ni un yo gramatical,
sino una voz ceniza,
un hilo de ceniza
y una pregunta turbia
ardiendo en la garganta.

La fiebre y la vida

«Es la fiebre de la juventud lo que mantiene
al resto del mundo a la temperatura normal»
GEORGES BERNANOS

Éramos jóvenes y afuera estaba la vida.
Aprendimos demasiado pronto
esa lección preciosa de las noches
de cuando hierve el corazón
como un pequeño incendio colosal.
La vida era una perra recostada al sol.
La vida era una canción de Cat Stevens.
La fiebre adolescente de Claire Fisher
en *Six Feet Under*.
Y el traje amarillo de Uma Thurman en *Kill Bill*.
La vida era la fiesta de los jueves,
la ginebra en los vasos
o un beso con saliva.
Pero después de arder,
solo ceniza en mis manos.
O ni siquiera ceniza.
Y así la vida,
como las fiestas, los vasos y los besos,
se tragó nuestros sueños,
decapitó nuestras ansias
de ser sobre este mundo

y puso en nuestras noches el insomnio
y en nuestros párpados
esa interrogación que no se cura.

Muchachas, no tuvimos que elegir:
nuestras fueron la fiebre y la vida.

Relectura/balbuceo/borrador 3

He dicho:
«La vida era una canción de Cat Stevens».
Pero podría haber dicho:
«La vida son los ojos de Alice Cooper
o Dolores O'Riordan
silbándome bajito una canción».

Monomaquia

Este precioso mundo no nos quiere.
O no nos quiere demasiado.
O ha dejado de querernos ya.
Lo miro frente a frente.
Lo reto cuerpo a cuerpo
a un combate conmigo.
Monomaquia, lo aprendí de los griegos.

Pero el Mundo es enorme.
Y entonces me dirijo a la Vida,
su huésped más terrible.
La convoco a idéntico combate,
pero antes le pregunto:

¿qué has hecho de mí,
qué has hecho conmigo,
ya no me quieres, Vida?

Y sigo preguntando.

¿Por qué se gasta siempre la alegría
como un reloj a pilas?

¿Por qué tarda tanto en subirme
la fiebre al corazón?

¿Por qué siempre nos duele
lo que el tiempo ha urdido
y su rueca nos mata
en la desolación?

¿Por qué alguna prosa
de los libros en prosa
se me atasca en la tráquea
y no puedo tragar?

¿Y entonces necesito
la maniobra de Heimlich,
vomitar las palabras,
no leer eso más?

También quisiera ahora
que el cerebro se aquieta
preguntarle a Virgilio
por qué escribió la *Eneida*,
o besar en la nuca
a Mozart en señal de gratitud,
mirar los ojos tristes de Mark Rothko
y sus cuadros sin trama
o inefable poesía.

Que empiece el combate.
Alea iacta est.
Si ganas tú, me iré despacio.

Si gano yo, responderás a todo.
Y entre tanto el combate.
Golpeo y
golpeo y
golpeo y
la Vida me golpea aún más fuerte.
Las preguntas son puños apuntando
mi carne triste y tísica,
mis brazos alentando la revancha.
Pero remonto, respiro, recupero
y las preguntas vuelven
y golpeo y
golpeo y
golpeo y
las preguntas no aplastan ni atenazan.
¿Quién ha ganado? No lo sé.
Ya la Vida se rinde.
¡No te rindas, Vida!
Acuérdate de mí,
del esforzado combate,
de todas las preguntas
que alguna vez te hice
y que no respondiste
ni responderás
ahora ni más tarde,
acuérdate de quienes te quisimos
y de toda la luz
cuando la luz se apague.

Teatro

Todas las tardes tristes
se parecen entre sí.
Todas tienen herrumbre.
Todas nos muerden
despacio el corazón
pero cada una de ellas
consigue derrotarnos a su modo.

Te gustaría no estar, no habitar
en esta coordenada exacta de la tarde,
pero estás en la vida,
figuras en la vida
y la tarde te requiere.

Eres un personaje insustancial, patético
en la urdimbre y la trama de esta tarde.
Contribuyes así, penosamente,
a gastar la alegría, la magia, tanta luz
de muchas otras tardes.
Pero el argumento es trágico
(¿quién escribió el guion?),
esta tarde lo es
y el director de escena
exige que estés triste,

que tu rostro demude
su gesto de alegría.

Así te vas hundiendo en la función
y vas siendo arrastrada
por los hilos de un teatro
infinito,
casi absurdo,
tantas veces macabro.
Ahí estás tú, criatura indefensa
interpretando el papel
que te asignó la vida.
Engullida por una trama triste
en mitad de la tarde.

Ahora piensa en tu vida.
Agarra el volante de tu vida
e intenta hacerlo bien.

Dados

«Perdemos al ganar.
Y al saberlo tiramos
nuestros dados de nuevo»
ALEJANDRA PIZARNIK

Nosotras no perdimos. La partida
nos perdió, nos hendió, nos clausuró
sin pedirnos permiso.
Y llagó nuestros cuerpos
empujándonos como alimañas ciegas
a intentarlo de nuevo.
Vuelve a tirar. Agita bien los dados.
Remuévelos con gracia.
Nadie pierde en el juego de la Vida.
No podrán extirpar de nuestros ojos
la fiereza, la fiebre, el entusiasmo.
Vuelve a tirar: no desfallezcas.
Nada puede pasar. Siempre vivir
ha sido una ecuación contra el fracaso.

Carmen perpetuum

En sueños soy bohemia y pinto cuadros
alados, azulados al estilo Chagall.
Todavía es el año 2007.
Y estoy en la vida.
Traducimos la *Eneida* en clase de latín.
Carezco de miopía, las arrugas
no asoman a mi rostro, el corazón
no sufre ni a veces convulsiona,
ni tengo treinta años ni una vida
en mitad del camino ni otras vidas
han herido mi carne al existir,
soy políglota, atlética, sé nadar,
y leo a Dostoievski algunas tardes
y me curo el amor con tiritas, a tientas,
y unas gotas granates del Dios Betadine.
No hay facturas ni mundo más allá.
Hay palabras y las carnes amigas.
Ni hipotecas ni *búscate un trabajo,*
ni *un esfuerzo, otro esfuerzo de tus padres*
ni *otro año a estudiar* y seguir estudiando
y quién sabe si al final del estudio
una puerta, una losa, un muro o una beca.
En mis sueños hay becas.
Bebo el néctar de los besos con lengua.

Y ahí estamos todas, muchachas de mi vida.
Fotográficamente estamos todas.
En mis sueños aún me llamo Carmen.
Si escucho gritar mi nombre, respondo: *Sí, soy yo.*
Soy jardín y soy oscuro canto.

Pero despierto.
Inequívocamente abro mis párpados.
Sobre el folio, unos torpes garabatos.
Ya no es el año 2007.
Y me esfuerzo y me esfuerzo.
Rebobino mi vida:
ni rastro de Chagall.
Mis tardes no están llenas de Virgilio.
No hay pupitre ni clase de latín.
Me palpo mucho el rostro y la miopía
es un monstruo que crece.
No domino las lenguas ni las horas
me ofrecen el sosiego de leer.
Dostoievski no acompaña
la cierta turbación de mi vigilia.
Las facturas están, las hipotecas
te recuerdan que ya no eres tan joven.
Estudiar ha sido vano y las becas
arden como cerillas en la noche.
Ya no estáis todas.
Cada una hace camino
en mitad del camino de su vida.
Y tú te llamas Carmen, todavía
te llamas Carmen,

y quisieras borrarte *armen, rmen…*
Ahora cierra los ojos.
Pulsa el botón *recomenzar*
y adéntrate en la Noche.
Si te atreves vuelve a soñar tu vida.

Relectura/balbuceo/borrador 4

He dicho:
«Y tú te llamas Carmen, todavía
te llamas Carmen,
y quisieras borrarte *armen, rmen…*».
Pero podría haber dicho:
«Me llamo barro aunque Carmen me llame».

Alabanza

La poesía no dice:
ocúltame el dolor.
La poesía suplica:
muéstrame tu herida.

Bienaventurados los valientes.
Aquellos que se atreven a escribir
con rojo ardor.

LOS OJOS DE LOS MUERTOS

Cuchillo sea la noche

Para escribir de la luz
tuve que hundirme en la Noche.
Siempre en mí fue de Noche.
Siempre yo fui la Noche.
O la Noche era el sueño de la vida.
O la memoria misma de los días
vividos, consumidos y los días
por vivir.
Tuve que hundirme en la Noche.
Tuve que sumergirme
en el largo cuchillo de la noche.
Y tuve que beber de la fragancia
impúdica y frugal que hay en la Noche.
Tuve que anestesiar la luz,
oscurecer el sol,
cegar el esplendor de la vigilia,
claudicar o abdicar de lo sencillo,
pues en la Noche el mundo
no sería sencillo.
Mi corazón latiendo
como un caballo a lomos de la vida
y tanta oscuridad, tanta incerteza
en mitad del camino.
¿Y ahora cómo

volver con la memoria a los lugares?
Era preciso adentrarse en la Noche.
La memoria es ahora como un pájaro
triste y desvalido,
pero la quiero tanto si me canta
y un rumor de recuerdos vibra en mí
y hay tanta oscuridad en mi pensamiento
que me elevo de ser
y me dejo hasta ser lo que ya fui,
a lo que fuimos,
muchachas que traducen a Virgilio,
adolescentes melancólicas
en clase de latín.
La fiebre y la vida,
evanescente mundo.
Voy entrando en la Noche y otra vez
es el pájaro de tantas
terribles y serenas noches.
Y me canta al oído
con palabras labradas
y sustancia de tiempo,
mis recónditas voces.
Tristes trozos del cuerpo.
Lo que hay en la vida
el tiempo lo ha urdido,
y entono lo que intuyo,
ya sin luz en mis ojos,
ya gastada la vida,
la clepsidra de luz oscureciendo.

Los ojos de los muertos

Querida Vida:
He mirado de frente los ojos de los muertos.
Me atreví, los he mirado, he visto
que no es verdad el regreso
ni otra vida
ni aquellos tulipanes demasiado rojos
que herían a Sylvia Plath.
Los he mirado. Ellos con sus asuntos.
Y yo en mis cosas siempre tan pueriles.
Ellos despreocupados del después.
En sus ojos ni un rastro ni una sombra
de alguna veterotestamentaria culpa.
Solo ojos. A tientas sus ojos.
Cuencas vacías, inexpresivas cuencas.
La piel amarillenta de los párpados.
Solo muertos inanes
gastado ya el billete de ida y vuelta,
solo muertos, con sus trajes oscuros,
sus arrugas, sus venas azuladas, su calvicie.
Solo muertos sin sus exámenes de colesterol,
sin teléfono móvil, sin nadie a quien llamar
ni nadie que responda.
Solo muertos bañándose en piscinas vacías,
muertos embalsamados, horizontales muertos.

Ellos felices, ajenos a la inflación,
ajenos a este juego de tronos del Gobierno,
ajenos a la política (Cicerón, si tú supieras,
si tú vieras lo que pasa en el mundo),
ajenos a la subida estratosférica del precio de la luz
(los muertos no necesitan luz: ellos son luz
y son también su propia oscuridad, su temida tiniebla).
Muertos anónimos, sin rostro, solo ojos
de muertos, calaveras antiguas,
osamentas de muertos
ahí en la región de lo soñado,
un lugar al que no llegan los trenes
ni aterrizan aviones ni arriban los barcos.
Ellos saben llegar, a qué camino,
hacia qué coordenada los conduce el sendero.
Saludan a Caronte. Una moneda en tributo.
Las aguas del Leteo. Solo ellos
que dejaron de hablar y de vivir.
Ellos, los valientes, abdicaron de todo.
Ellos, los felices, despojados de todo.
Sí, he mirado los ojos de los muertos.
Los he mirado y me han mirado a mí.
¿Y qué he sentido? Miedo.

Meditación en rojo

El río es oscuro y no hay certeza
de que el día venidero traiga luz.
Pero a veces descubro
destellos de alegría
derramándose a tientas por el rojo
de mis venas y entonces soy el río,
yo también soy el río,
allí donde va a morir lo oscuro.

Los seres degollados

Tiene razón quien piensa
que la vida nos seca el corazón
y nos convierte
en seres degollados,
corderos degollados
por un dolor antiguo.

Esos seres
que leen a Camus y beben vino
barato,
esos seres
que se abren las venas para ver el granate
de todas sus desgracias,
y después siguen quietos,
esos seres que siempre siguen quietos
tragando en su licor capitalismo
que nunca imaginaron pero que les llegó
como herencia maldita de un mundo desnortado.

Yo los quise, a esos seres.
Tuve tiempo y paciencia
de contemplar sus vidas
como quien fija sus ojos
ante un Jackson Pollock,

sin entender muy bien
pero con la certeza
de contemplar
los pedacitos rotos de su vida.
Por eso los amé, por eso tienen
un don inexplicable que me seca
también el corazón.

Kurt Cobain

«Es mejor quemarse que apagarse lentamente»
NEIL YOUNG

Tú que no te apagaste lentamente.
Tú que te quemaste
del todo y de una sola vez.
¿No dudaste? ¿Acaso no temblaste?
¿No sentiste muy hondo ese último frío?
Era cuestión tan solo de apretar el gatillo,
introducir la escopeta
en tu boca o volarte
la tapa de los sesos.
Un segundo, el disparo
pam-pam,
y ya está.
Escribir previamente una nota de suicidio,
tus pensamientos en una nota de suicidio.
Courtney Love te llorará.
Recordar *Come as You Are*.
El hombre que vendió el mundo.
Y luego ya no ser, borrarte, no estar.
Adiós a la música,
adiós a tantos vasos de cerveza,
sonidos sucios, baterías,

guitarras distorsionadas,
adiós a ese cuchillo de la noche,
cuchillo sea la noche,
cuchillo sea llamarse Kurt Cobain.

Relectura/balbuceo/borrador 5

He dicho (o he querido decir):
«Cuchillo sea la noche».
Camino desde lejos
y un pasadizo hondo
se traga el espesor de mis adverbios.

Todas esas tijeras de mi vida

Qué misterio circunda el universo
para que un individuo esté vivo
y al instante esté muerto.
Qué misterio:
estar dentro del vientre y luego fuera,
durante unos años
a los que no sé qué periodología biológica
ha denominado vida;
estar dentro,
en la oquedad esencial y salir fuera,
ser expulsado a la vida,
para volver simétricamente y haciendo
justicia a la ley de la existencia,
a otro hueco más hondo: el de la muerte.

Útero y ataúd son una misma
oquedad
en dos edades distintas.

Prólogo y epílogo.
Placenta y carne inerte.
Cordón umbilical e hilos que cortan las Parcas.

En dos tijeretazos venimos y nos vamos.
La matrona nos separa de la madre: vivimos.
Las Parcas nos desprenden de la vida: morimos.

Qué importantes son las tijeras para que prosiga
el curso del universo.
Dos láminas de hierro, dos lingotes
de acero entrecruzados,
y el mundo se detiene.

Desde ahora miraré con ternura
todas esas tijeras de mi vida.
Por las que soy.
Por las que tarde o pronto
estaré muerta.

A los artistas muertos

Algunas tardes tristes
en que una oscura pena
como un pozo de angustia
me aprieta el corazón,
escribo breves cartas
a los artistas muertos.

Querido Rilke:
¿Qué ha sido de tus ángeles
que creímos eternos?

Querida Anna Ajmátova:
¿Después de morir
aún se sigue muriendo?
¿Por qué fue todo en ti el sacrificio
o la crucifixión de un ciervo?

Querido Raymond Carver:
Sé sincero, ¿tú también conseguiste
aquello que querías en esta vida?

Querida Virginia Woolf:
¿Cuántas piedras metiste en tus bolsillos,
cuántas de ellas ahogaron
tu oscuro corazón?

Invento las preguntas e ignoro
que es la tarde quien me interroga a mí.
Y cae sobre mí, ingrata, amenazante.

Igual que los artistas muertos,
igual que el mundo en su tarea infalible,
yo también anochezco.

Este libro se terminó de imprimir
en la imprenta Solana e Hijos Artes Gráficas
el 23 de abril de 2024.